49
Lb 287.

AF338451

PLAIDOYER

DE M. DE BROÉ,

AVOCAT-GÉNÉRAL,

DANS L'AFFAIRE

DU COURRIER.

PARIS,

WARÉE FILS, LIBRAIRE, AU PALAIS DE JUSTICE;

ET CHEZ TOUS LES LIBRAIRES DU PALAIS-ROYAL.

1825.

PLAIDOYER

DE M. DE BROÉ,

AVOCAT-GÉNÉRAL,

DANS L'AFFAIRE DU COURRIER.

BIBLIOTHÈQUE ROYALE

Mᴇssɪᴇᴜʀs,

Les ennemis du repos public ne se fatiguent jamais. Dépossédés du domaine des conspirations de toute nature qui, naguères, assiégeaient le trône, ils n'ont pas perdu l'espérance. La monarchie venait de leur échapper ; ils se sont retournés vers la religion. Leur ouvrage s'était écroulé ; ils ont repris l'œuvre par la base. Le mot d'ordre a été donné ; et ils ont recommencé la lutte du dernier siècle : ils ont dressé leurs tentes en face de l'autel.

Si le système n'est pas nouveau, du moins les résultats en sont certains. Le passé l'a prouvé.

Le passé a enseigné aussi la tactique à suivre pour parvenir au but. Saisir habilement des prétextes ; s'emparer des écarts des hommes, pour frapper les choses ; jeter le ridicule où la calomnie ne peut atteindre ; effrayer les imaginations ; crier au fanatisme, à l'intolérance, à la persécution ; revenir, revenir sans cesse à la charge (car un mensonge répété devient presque une vérité), telles étaient les leçons : telle a encore été la marche.

Un système général de détraction a été créé ; et les mêmes hommes que, tout récemment, nous avons vus se porter les défenseurs, les prôneurs officieux de tous les conspirateurs ; ces hommes qui n'agissaient alors, disaient-ils, que par esprit de charité, et qui avaient horreur de toutes les dénonciations, nous les voyons aujourd'hui se rendre les dénonciateurs quotidiens, les accusateurs acharnés du Clergé. Ils le placent, en quelque sorte, sur la sellette ; et, chaque matin, ils le traînent en criminel à la barre de leur tribunal.

Ils font plus encore ; et souvent, quittant un vain détour, c'est aux choses saintes elles-mêmes qu'ils s'en prennent, pour faire retomber sur elles le ridicule et le mépris.

Écoutez-les ; ils n'en veulent qu'aux *Jésuites*, aux *doctrines ultramontaines*, à la *Congrégation*.

Mais, si l'on n'en veut qu'aux Jésuites, pourquoi donc ramasser partout des inculpations contre le clergé séculier ? Si l'on n'en veut qu'aux doctrines ultramontaines, aux empiétemens de l'autorité ecclésiastique, pourquoi publier sans cesse, contre les prêtres, des accusations d'un tout autre genre ; et par exemple, de cupidité, d'immoralité? Si l'on n'en veut qu'à ce qu'on nomme la *Congrégation*, pourquoi attaquer en masse les véritables établissemens religieux ?

Écoutez-les encore; ils ne font que défendre la liberté des cultes.

Mais, quel besoin, pour cela, d'outrager sans cesse la religion de l'État, ses institutions, ses ministres? Quel besoin d'exciter perpétuellement contre elle la haîne et le mépris des citoyens, et de les engager enfin ouvertement à la déserter ?

Nous ne venons, Messieurs, vous demander qu'une chose, c'est d'examiner ces attaques dans leur réalité, dans leur but, dans leurs effets; d'apprécier à leur juste valeur, comme des hommes éclairés doivent le faire, les prétextes dont on se couvre, et de rendre à la vérité ses droits.

On peut discuter sur les matières religieuses, car nos lois le permettent. Mais, on ne peut pas déverser le mépris sur la religion, car nos lois le défendent.

S'agit-il ici de savoir si, au milieu des services que tous les jours un clergé nombreux rend à une population entière; il y a eu quelques fautes? Non, Messieurs. Mais peut-on tolérer que, pour ruiner dans l'esprit des peuples la religion de l'État, on s'acharne contre ses ministres, qu'on les dégrade, et avec eux toute croyance religieuse? Tel est l'objet du procès.

S'agit-il de la question des Jésuites ? de leur existence, de leur danger, des anciens actes publics qui les concernent ? Non, Messieurs. Mais, à propos des

Jésuites, peut-on outrager la religion ? à l'aide de ce mot, peut-on exciter à la haine de tout ce qui tient au culte catholique ? Telle est encore la question du procès.

Il ne s'agit pas non plus d'examiner si on a eu raison de dire que tel acte, telle doctrine était contraire aux libertés de l'Église gallicane. Mais, il s'agit de savoir si, à une critique permise des actes et des doctrines, on a pu joindre le dénigrement de la religion.

L'objet de l'action du Ministère public ne saurait être douteux. Tout ce qui était, ou tout ce qui pouvait paraître discussion, a été écarté. Aucun des nombreux articles *du Courrier* concernant les points que nous venons d'indiquer, ne vous est soumis. Lorsqu'il est arrivé que, dans un article nécessaire à citer, il se trouvât des parties qui pussent paraître rentrer dans ces discussions, ces parties ont été mises de côté et exclues de l'incrimination.

Cependant, on s'est efforcé de travestir l'action du Ministère public. On a accumulé les efforts pour tromper l'opinion publique. Faut-il s'en étonner ? Le mal appelle le mal.

La cause vous est enfin soumise, Messieurs. Devant des hommes sincères, les vains subterfuges, les prétextes, les mots perdent leur empire ; c'est des réalités qu'ils demandent compte. En pareille matière, tout est dans votre propre examen : vous lirez ; cela vaudra mieux que tous les commentaires. Pour obéir à la loi, nous devons vous signaler les principaux articles. Nous le ferons très-brièvement. Mais, avant d'entrer dans cet examen, il faut que nous établissions nettement quelques vérités légales.

Vous n'avez pas à vous occuper ici d'un *délit spécial*, tel que ceux que vous soumet la loi correctionnelle : vous êtes appelés à examiner L'ESPRIT *d'une succession d'articles*. Vous n'exercez pas ici vos droits ordinaires de juges d'un procès criminel, correctionnel, ou civil : vous exercez une attribution particulière de *haute police*. La loi qui vous confie cette importante mission a été présentée, discutée, et acceptée sous le titre de *loi sur la police des journaux*.

Sans doute, c'est dans vos consciences de magistrats, que vous devez trouver les motifs de votre détermination. Mais, ce n'est pas non plus dans la loi *sur les délits*, que vous devez chercher les règles de votre décision. La loi *sur les délits* traçait autour de vous un cercle : la loi *de police* l'a déclaré trop restreint ; elle l'a aggrandi. Cette dernière loi seule doit donc être votre guide et le nôtre.

Un journal est répréhensible, lorsqu'il présente une *succession d'articles* dont *l'esprit est de nature à* PORTER ATTEINTE AU RESPECT DU A LA RELIGION DE L'ÉTAT : ces expressions sont celles de la loi. Or, dé quelle manière peut-on *porter atteinte au respect dû à la religion de l'État ?*

. Il est clair que, si on s'en prend à cette religion elle-même, pour ridiculiser ses croyances, ses rites ; si c'est par le sarcasme, et non par la controverse, qu'on attaque ses préceptes ; si, après l'avoir signalée comme oppressive, on excite enfin les citoyens à la déserter ; il est clair, disons-nous, qu'on porte atteinte au

respect qui lui est dû. Ceci n'a pas besoin de dé-
monstration.

Mais, il est un autre moyen, plus facile et plus sûr,
de parvenir au même but ; c'est de dégrader succes-
sivement tout ce qui tient à la religion, de flétrir ses
Ministres ; en un mot, de passer par les personnes,
pour arriver aux choses. Isolée de ses appuis, la religion ne devient plus bientôt, dans l'esprit public,
qu'un vain mot. Il y a plus ; si, à force de calomnies,
on parvient à faire croire que ceux qui la connaissent
le mieux, la démentent en tous points par leurs actes,
elle devient odieuse. Comment, en effet, respecter
une religion qui n'engendrerait que l'immoralité, la
cupidité, l'ambition, l'intolérance ? Tourner contre
elle l'autorité de ses ministres, est donc employer la
plus funeste de toutes les armes.

Vous comprenez, Messieurs, que nous ne parlons
pas ici d'une attaque isolée, qui ne serait qu'une dif-
famation individuelle, mais bien d'une série d'attaques, dénotant un plan, un système.

Ainsi, dénoncer au public un jour l'immoralité
d'un prêtre, le lendemain la cupidité d'un autre, hier
l'intolérance de celui-ci, aujourd'hui l'ambition de
celui-là ; s'acharner contre le clergé, le poursuivre,
le calomnier, pour faire retomber sur lui la haîne et
le mépris public ; ce n'est plus là une simple diffa-
mation des personnes, c'est une guerre livrée aux
choses.

C'est donc une seconde vérité légale incontestable,
que des diffamations répétées contre les ministres du
culte, le dénigrement systématique de tout ce qui

tient à la religion, portent atteinte au respect dû à la religion elle-même.

L'application de ces principes va se présenter à chaque pas.

Un journalier, privé de ressources et malade, était entré à l'hospice de Troyes. Le chapelain de l'hospice avait cru devoir examiner et ensuite conserver pour le détruire, un livre qu'il jugeait mauvais. Un procès en naquit : uous ignorons si ce fut bien l'ouvrier guéri à l'hospice qui en fut le véritable auteur. Toutefois, le zèle du chapelain (quoique louable dans l'intention), était mal entendu. La loi civile prononçait en faveur de la propriété, quel qu'en fût le peu d'importance. La justice rendit hommage au principe.

Croirait-on que ce procès devient tout-à-coup un prétexte pour faire écrire, par le menuisier *François-Jacquot*, de longues lettres, dont le style dément trop bien l'origine, et dans lesquelles il disserte sur les plus graves sujets, et finit par annoncer, le 2 mai, que *craignant la vengeance des dévots*, et pour échapper à leurs *tracasseries, chicanes, excommunications* et *autres persécutions*, il a un sûr moyen, c'est de SE FAIRE HUGUENOT, *chose* BIEN FACILE, ajoute-t-il, *puisque les croyances sont libres en France ?*

Que signifie, nous le demandons, l'insertion d'une pareille lettre ? Dans quel but la publication de cette déclaration ? Est-ce là de la discussion, de la controverse ? Non, sans doute : c'est la haine qu'on cherche à exciter contre la religion de l'État ; c'est la dé-

(8)

fection qu'on sollicite. Et vraiment, qui pourrait contester que s'efforcer de présenter la religion catholique sous de tels rapports que, pour avoir le repos, il faille l'abjurer, ce soit porter atteinte au respect qui lui est dû ?

Le 4 mai, le *Courrier* se plait à appeller l'attention publique sur un autre procès, dans lequel un prêtre était accusé d'outrages aux mœurs. Il fait plus ; et il prend soin d'indiquer à ses lecteurs un journal anglais dans lequel ils pourront trouver la *copie authentique* de la plainte, et même les details des débats tenus à huis-clos. Vous connaissez, Messieurs, l'issue définitive de ce procès, dans lequel, deux fois, la calomnié a été judiciairement signalée. La Cour royale de Rouen a constaté, dans son arrêt, que l'esprit de parti seul avait donné naissance à cette affaire. Le même esprit devait chercher à lui donner une scandaleuse publicité : c'était un éclat qu'on voulait. Et, en effet, depuis certains journaux, jusqu'à ce prétendu *Mémoire* supprimé par la Cour de Rouen et défendu jusque devant la Cour de cassation, tout a trop bien prouvé le but. C'est à cette tactique diffamatoire que s'est associé le *Courrier*, dans plusieurs articles dont un vous est déféré.

Et ici, Messieurs, comment ne pas remarquer une contradiction dont nous retrouvons plus d'une fois la preuve dans cette cause même ? S'agit-il du menuisier de Troyes ? on le protège, même après le procès ; on enregistre (ou plutôt on fabrique) ses provocations irréligieuses. S'agit-il, plus tard, d'un homme accusé d'avoir blasphêmé contre la religion ?

on s'empresse d'accourir à son aide. Mais, est-il question d'un prêtre ? sans égard pour son caractère (qui, du moins, semblerait autoriser quelque doute), on prend parti contre lui. Sans égard pour la morale publique, ou même pour ces simples *sentimens de convenance* dont le *Courrier* lui-même ne craint pas de parler, on s'empresse de répandre le scandale.

Et quel peut être *l'esprit* d'une pareille conduite ? Le contraste répond assez, ce semble.

Mais, ici, la nature même et l'occasion du scandale ne répondent-elles pas aussi ? S'agissait-il de quelque acte qui eût trait à la politique, à des prétentions dangereuses ? S'agissait-il des libertés publiques ou privées ? des limites des pouvoirs, d'*ultramontanisme* ? Non, Messieurs. Et pourquoi donc cet acharnement ? Est-ce amour de la morale ? mais, la Charte constitutionnelle elle-même, qui venait de fermer le temple de la justice, déclarait que la morale demandait le silence. Est-ce la juste douleur que doit inspirer le spectacle d'un prêtre manquant au premier de ses devoirs ? mais, cette douleur même ordonnait de douter, de ne pas condamner sans entendre : elle-même aussi devait inspirer le silence. Oui, Messieurs, le désir d'affaiblir le respect dû à la religion de l'État pouvait seul s'empresser à de pareilles publications.

Mais, ce n'est pas assez d'attaquer les mœurs des prêtres; il faut présenter la religion comme envahissant tout.

La pénible situation des aliénés dans la plupart des départemens, où il n'existe pas de maisons qui leur soient consacrées, a porté quelques religieux, appartenant à l'ancien ordre *de la Charité*, à chercher les moyens de se reconstituer. Ils ont distribué un prospectus : le *Courrier* du 7 mai le dénature aussitôt. *Maîtres autrefois de trente-quatre hôpitaux en France*, dit - il, et particulièrement de l'hôtel de la *Charité de Paris*, de la Maison royale de *Charenton*, etc., etc., ils *espèrent* RECOUVRER LEURS PROPRIÉTÉS. *Charenton même* DOIT LEUR ETRE RENDU AVANT SIX SEMAINES..... *Ils annoncent l'intention de* RENTRER EN POSSESSION DE LEURS ANCIENS ÉTABLISSEMENS..... Or, Messieurs, tout aussi bien que, sur des faits à l'égard desquels n'existent pas de documens authentiques , nous ne devons, ni ne voulons transformer ce procès en une enquête; ici nous pouvons vous fournir un document irrécusable, c'est ce prospectus lui-même. Nous le joignons aux pièces : et vous y verrez que ces religieux, qui déclarent se vouer au services des affligés de *tous les rangs* et de *toutes les religions* (circonstance dont le *Courrier* se garde bien de parler), sont loin d'avoir les prétentions que le journal se plait à leur attribuer. Le nom même des hospices de Charenton et de la Charité ne s'y trouve pas. Quant à LEURS PROPRIÉTÉS, ils n'en disent pas un mot. Ils disent, au contraire, que privés, par la révolution, de leurs anciens établissemens, *qui étaient le* PATRIMOINE DE LEURS PAUVRES, ils sont obligés D'EN FONDER DE NOUVEAUX.

Il suffit qu'il s'agisse de religieux, pour que le *Courrier* cherche à les flétrir jusque dans le passé. « Qu'étaient donc, se demande-t-il, CES MAISONS DE

» CHARITAINS *avant la révolution ?* L'asile des *déten-*
» *tions arbitraires*, la prison des malheureux frap-
» pés de *lettres de cachets*, et *pour les aliénés, un*
» *lieu de souffrances et de gémissemens.* » Vous
comprenez, Messieurs, que nous n'entrerons pas dans
un pareil examen, et que nous ne citerons même pas
l'autorité d'un philantrope anglais non suspect, qui
rendait, en 1791, un tout autre témoignage aux religieux de la Charité de Paris. Plusieurs de vous, à
cet égard, peuvent en appeler à leurs propres souve-
nirs. Nous devions seulement remarquer, en passant,
cet esprit de dénigrement qui se montre partout.

Ce sont, maintenant, les missionnaires du Mont-
Valérien, qui deviennent l'objet des sarcasmes du
Courrier. Il publie ce qu'il nomme l'extrait d'un prospectus distribué par eux, pour obtenir des aumônes.
A lire l'article du journal, on croit que le prospectus
est tout nouveau; et cependant il circulait, depuis
deux années, sans reproche, lorsque le *Courrier* s'est
avisé de faire son prétendu extrait. Or, nous joignons
aux pièces ce prospectus lui-même, afin que vous
puissiez le comparer avec l'extrait. Vous jugerez par
vous-mêmes, Messieurs, de l'insigne mauvaise foi
avec laquelle, mutilant tout, omettant à dessein tout
ce qui donne au prospectus un caractère religieux et
convenable, on en fait une ridicule et inconvenante
annonce. Cette falsification a vraiment quelque chose
de curieux dans ses détails, par le soin avec lequel,
dans le milieu de chaque phrase, les moindres mots
ont été supprimés dès qu'ils tenaient à la piété. Nous
ne pouvons nous livrer ici à cet examen, qui sera bien

plus utilement fait par vous à la Chambre du conseil. Il nous suffit seulement de vous dire que, pour faciliter la comparaison, nous avons pris soin de souligner nous-même, sur le prospectus (ou du moins dans la seule partie dont il ait plu au *Courrier* de parler), les mots principaux omis dans l'extrait.

Une fois la mutilation ainsi faite, et lorsque, pour donner plus de confiance dans l'extrait, on a eu soin d'annoncer qu'on a le prospectus sous les yeux, on s'écrie : « Qui ne croirait qu'il s'agit de quelque *nou-* » *vel établissement rival de* BEAUJON *ou de* TIVOLI, » d'une espèce de CARAVANSÉRAIL, etc. »

Le prospectus annonce que les bâtimens n'étant pas encore achevés, on fera connaître plus tard, et par une *affiche particulière, le* RÉGLÉMENT pour les *retraites spirituelles* que les personnes pieuses voudront faire au Calvaire : à la fin, il parle d'une *première retraite* D'HOMMES. Et voilà le *Courrier* qui se plaît à supposer qu'on va placer ensemble, DANS DES JARDINS CHARMANS, les souscripteurs DE L'UN ET L'AUTRE SEXE! Puis il se demande si c'est *dans un but tout religieux!*

La nécessité, indiquée par la situation des lieux, et attestée par un long usage, exige qu'il y ait des salles et des réfectoires pour recevoir les personnes qui, à des époques déterminées, imitant la piété du Roi et de son auguste famille, vont adorer la Croix sur un lieu où elle est plantée depuis huit siècles, et participer à des pratiques chrétiennes qui occupent plusieurs journées. Et voilà le *Courrier* qui n'aperçoit plus là qu'une *entreprise de commerce;* et qui

dit que les missionnaires du Calvaire se FONT AUBER-
GISTES *et* RESTAURATEURS *de tous ceux qui ont cent
francs à donner*!

Avons-nous besoin, Messieurs, d'insister pour
faire sentir tout ce qu'il y a d'odieux à présenter
ainsi des prêtres, ou comme préparant des lieux de
réunion équivoques, ou comme dégradant, par cupidité, leur caractère jusqu'au point de mériter de pareilles assimilations?

Le *Courrier* cherche encore à tirer parti de ce que
l'ordonnance du Roi, relative au Calvaire, n'est pas
insérée au *Bulletin des lois*. Or, cette ordonnance ne
portant qu'une concession temporaire à titre de jouis-
sance, n'était pas susceptible de cette insertion : et,
ce mystère dont le journal cherche à semer l'idée,
est tellement imaginaire, qu'il y a deux ans que l'ordonnance a été insérée en toutes lettres et publiée
dans l'Almanach du clergé.

Jetter la division entre les protestans et les catho-
liques, et présenter sans cesse les premiers comme
opprimés, est aussi un des moyens qu'on met en
œuvre pour rendre odieuse la religion de l'État. C'est
ainsi que le *Courrier* du 8 mai signale comme un
des résultats de l'*esprit d'intolerance*, qu'à Marseille
aucun membre des religions dissidentes ne forme
partie *de la chambre et du tribunal de commerce*.
Vous dirons-nous, Messieurs, qu'il y a peu de temps
encore , deux protestans faisaient partie de la
chambre et du tribunal de commerce de Marseille?
que la liste des notables commerçans est, tous les
ans , dressée sans acception de religion ? Et vrai-

ment, ne suffit-il pas de remarquer qu'il faut que le désir de tout empoisonner aveugle bien étrangement, puisqu'il fait oublier que les nominations au tribunal et à la chambre de commerce résultent des suffrages et du choix des négocians eux-mêmes ?

Les protestans, ajoute le *Courrier*, sont encore *exclus de l'administration de la santé, sous prétexte qu'avant chaque séance* ON Y LIT UNE ANTIENNE A SAINT-ROCH. Ils vont l'être *des fonctions municipales.* Comme nous, Messieurs, vous sentez ce qu'a de dérisoire cette allégation de *l'antienne à Saint-Roch*; et nous ne vous fatiguerons pas d'explications par lesquelles nous pourrions vous montrer comment à la dérision se joint le travestissement des choses. Il nous suffit, pour vous faire apprécier la bonne foi du *Courrier*, de vous dire, quant aux fonctions municipales (ce qui est un fait public et incontestable), que l'un des adjoints au maire de Marseille est un protestant; que trois protestans sont membres du Conseil municipal ; et qu'assez récemment encore, le Conseil-général du département était présidé par un protestant.

Le 21 mai, c'est la *fiscalité* du clergé, que le *Courrier* dénonce. Suivant lui, on *fait de la religion* UNE SUCCURSALE DU BUDGET; on *mesure le zèle des fidèles à* L'ARGENT QU'ILS DONNENT, et l'on ne *s'adresse à leur ferveur que pour faire plus sûrement une* ATTAQUE SUR LEUR BOURSE. Suit, comme preuve, une citation tirée d'un mandement de l'évêque de Nancy (mandement qu'au surplus nous joignons encore aux pièces). Vous comprenez qu'il ne nous appartient pas ici de juger ce mandement (qui, d'ailleurs, se défend assez

par lui-même); mais nous devions vous faire obser-
ver les termes, l'inconvenance, et le but du reproche.

Un journal rédigé dans un pays voisin, signalait,
à Lyon, ce qu'il nommait des *cotteries de convertis-
seurs*. Il semble que le journaliste étranger (et à raison même de cette qualité) devait naturellement être
assez suspect quant à l'exactitude des faits qu'il pla-
çait en France. Non ; le *Courrier* s'empresse d'ac-
cueillir le récit. Peu lui importe que les faits soient
bien différens de ce qu'en fait le journaliste étranger, et même que l'un remonte à six années. L'article
du journal étranger est adopté et publié par le *Courrier*; car il présente un moyen de plus pour rendre
odieuse la religion de l'État.

Le *Constitutionnel*, a-t-on dit par avance (et nous
répondons ici à l'objection, dans le désir que nous
avons de ne point vous fatiguer, s'il est possible, par
des répliques), *le Constitutionnel* a fait la même publication, et l'article ne figure pas, à son égard, parmi
ceux qui sont dénoncés. Mais, vraiment, c'est oublier entièrement la nature des deux procès. Il ne s'agit,
ni dans l'un, ni dans l'autre, d'une poursuite pour
délit spécial; il s'agit d'une succession d'articles :
et le ministère public, en même temps qu'il a voulu
éviter de multiplier les citations, a cherché à montrer la variété des points d'attaque.

Il est, Messieurs, quatre articles sur lesquels nous
croyons impossible d'engager la discussion dans cette
audience publique. Vous comprenez que nous voulons parler de ceux qui sont relatifs aux canonisa-
tions. Vous les lirez ; et lorsque (même abstraction
faite du fond des choses, que nous ignorons), vous

aurez vu les sarcasmes , les railleries, les inconve-
nantes dérisions de trois d'entr'eux , vous jugerez où
vont de pareilles attaques , lancées dans le public
par un journal.

Le désir d'enlever les respects à tout ce qui tient
au culte, ne se manifeste pas moins dans un autre article relatif à des reliques , et qui se termine par une
profanation qu'on a soin de généraliser. Les mêmes
lois de convenance nous ordonnent encore de ne faire ,
à cet égard , qu'un appel à votre examen et à vos
consciences.

Placer partout la religion en présence des intérêts
du peuple , est un des moyen les plus sûrs de la rendre odieuse. Tel est le but d'un article du 18 juin ,
où le *Courrier* , à l'occasion du déménagement d'un
curé de village, montre le rétablissement de la
corvée , comme imminent. Que lui importe que le
transport des meubles d'un curé qui vient prendre
possession , soit un usage immémorial dans le pays ?
Que lui importe que le prétendu *ordre* du curé au
maire, ne fût qu'une lettre d'amitié à un ancien con-
disciple? partout, il faut présenter le clergé comme
pesant sur le peuple, et lui imposant des *vexations*.

Maintenant, c'est un évêque. Ce n'était certaine-
ment pas lui qui avait demandé qu'on dressât un arc
de triomphe à l'entrée de la ville de Lauzerte. Cet
arc de triomphe s'écroule, sous le poids des curieux.
Quelques personnes reçoivent des contusions ; un
homme a la jambe cassée. Croirait-on que le *Courrier* s'efforce de faire retomber sur l'évêque de
Montauban la responsabilité de cet accident , qu'il
a soin d'exagérer encore ? « On n'avait point, dit-

» il le 20 juin, à déplorer de pareils malheurs sur le
» *passage des apôtres.* On faisait consister, ALORS, la
» religion *dans la* PRATIQUE DE LA VERTU, et non
» dans le VAIN ÉCLAT D'UNE POMPE TRIOMPHALE. »
Avons-nous besoin, Messieurs, de dire tout ce qu'il
y a d'injurieux dans la pensée qu'appelle un pareil
contraste ? Et l'expression elle - même n'arrive-t-elle
pas à une offense directe contre le digne prélat dont
on parle ?

Mais, suivons le *Courrier* dans le récit d'une fourberie sacrilége qu'il se plaît, le 5 juillet, à imputer
à des prêtres. Vous expliquerons - nous comment on
a travesti une tentative fort ancienne déjà, faite par
une vieille femme, pour glisser, sous la nappe de l'autel, des numéros de loterie? Vous dirons-nous comment elle fut surprise, et même arrêtée sur un soup-
çon plus grave? Il nous suffira de signaler à votre
juste indignation les efforts que fait le *Courrier* pour
associer des prêtres à la rédaction d'une note évidem-
ment fabriquée par quelque ennemi de la religion , ou
par quelque escroc qui aura abusé de la crédulité de
cette vieille femme. Eh , quoi! on ose supposer, et
on ne craint pas de publier qu'un prêtre aurait enseigné, comme recette pour gagner à la loterie, de
placer des numéros sous la nappe de l'autel ; de dire
sur ces numéros TROIS MESSES, *pour la consolation
des ames du purgatoire et en l'honneur de la Sainte-
Vierge ;* de regarder-les numéros aussitôt APRÈS L'É-
LÉVATION DE LA SAINTE HOSTIE ; et, *s'il paraît de
nouveaux numéros sur le billet,* de les écrire avec
soin !.,. Quelle ridicule et honteuse profanation! Et

2

cependant, quelle insistance, quelle perfidie ! Cette note n'est pas signée, dit-on, et *l'on conçoit qu'*ELLE NE POUVAIT PAS L'ÊTRE : mais, ajoute-t-on, *comme* TOUT LE MONDE NE PEUT DIRE DES MESSES; comme UN CERTAIN NOMBRE D'INDIVIDUS, que *je respecte beaucoup,* a SEUL INTÉRÊT A CE QU'ON FASSE DIRE TROIS MESSES PLUTOT QU'UNE, *je me suis* RÉJOUI *de cette découverte!* Et cette lettre qui, par une dérision nouvelle, est signée UN CATHOLIQUE, se termine par ces mots : « S'il n'est pas permis *de danser et d'aller* » *à la comédie,* du moins il ne nous est pas défendu » *de* JOUER A LA LOTERIE *en l'honneur* DE LA SAINTE- » VIERGE *et pour la consolation* DES AMES DU PURGA- » TOIRE ! »

Ne faut-il pas que la haine de la religion aveugle bien étrangement, pour chercher à imputer au clergé une pareille fourberie, un tel sacrilége ? Et, encore, nomme-t-on le lieu d'où est sortie cette prétendue note ? Désigne-t-on le coupable ? L'autorité, les supérieurs ecclésiastiques pourront-ils le connaître, le punir ? Non, Messieurs : on laisse planer les soupçons sur tous ; on diffame le clergé, sans qu'il puisse se défendre ; on avilit la religion en associant ses saints mystères à un acte d'escroquerie ; on ridiculise les noms les plus sacrés, en les mêlant eux-mêmes dans cet indigne mensonge ! Qui pourrait nier que c'est là porter atteinte au respect dû à la religion ?

Mais, Messieurs, comment se fait-il qu'on marche toujours en s'associant à des profanations ? Un homme était poursuivi pour s'être livré, dans un vil-

lage des environs de Bar-sur-Seine, à des blasphêmes
tellement révoltans qu'on aurait eu peine à com-
prendre un pareil délire d'imagination , si lui-même
il n'eût pris soin d'indiquer la source empoisonnée
dans laquelle il avait puisé ses leçons. Le scandale
avait-il été légalement public ? telle était la seule
question raisonnable du procès. Le tribunal de Bar-
sur-Seine l'avait résolue affirmativement , sur le mo-
tif que le propriétaire de la maison où ces propos
avaient eu lieu , tenait, quoique sans droit, un débit
public d'eau-de-vie. Sur l'appel, le tribunal de Troyes
décida autrement l'interlocutoire; et les blasphêmes
dûrent demeurer impunis. Si cette impunité était légale, n'était-ce pas, du moins, le cas de laisser, pour
ce qu'il valait, son triste triomphe à celui qui l'avait
obtenu ? Eh bien! non, Messieurs. Le *Courrier*, pre-
nant, autant qu'il est en lui, parti pour une si déplo-
rable cause, semble ridiculiser la pieuse sollicitude
des Magistrats qui en ont recherché toutes les cir-
constances. *Pas de publicité*, dit-il ; *néanmoins* L'ON
A DÉCOUVERT *que le fermier* dans la maison duquel
les propos irréligieux avaient été tenus , S'AVISAIT *de
vendre de l'eau-de-vie en détail, au petit verre*, etc.,
et il ajoute : « On doit regretter que la question de
» droit n'ait pas été jugée. *Il est important pour tous
» les citoyens, de connaître si le domicile d'un fiau-
» deur est un lieu public, et si* LES DISCOURS QUE
» L'ON Y TIENT, SOUS LA PROTECTION DES FOYERS
» DOMETIQUES, » (quels discours !) « *et dans l'igno-
» rance d'ailleurs du commerce frauduleux du pro-
» priétaire, peuvent être recherchés et punis au nom*

» *de la vindicte publique.* » Et d'ailleurs, suivant lui, il ne s'agissait que d'avoir *traité les missionnaires* » *de* CHARLATANS HYPOCRITES et COMEDIENS AMBU- » LANS DIGNES DE MÉPRIS, et d'avoir *parlé avec im-* » *piété* DE LA VIERGE MÈRE DE DIEU ! » Vous pourrez voir le dossier, Messieurs ; car nous le joignons aux pièces : et, quand vous y aurez jetté les yeux, vous aurez trop bien jugé l'esprit d'un journal qui accepte une pareille clientelle.

Mais, voilà que le *Courrier* change de rôle, et qu'il se constitue accusateur : vous devinez qu'il s'agit d'un prêtre. Comme le journal a soin de ne nommer ni les lieux, ni les personnes, il lui a été bien libre d'arranger à son gré les scènes de scandale et d'immoralité qu'il raconte.

Vous lirez, Messieurs, cet article du 13 juillet dont les détails sont tels que, par respect pour vous mêmes, nous devons les passer sous silence. Considéré sous le seul rapport des termes, cet article est un outrage à la morale publique. Mais (comment ne le dirions-nous pas encore) quelle plus grande preuve du désir d'affaiblir le respect dû à la religion de l'État, que d'enregistrer ainsi tout ce qui peut flétrir les prêtres sous le rapport des mœurs ? Que si, par malheur, il a existé quelque part un mauvais prêtre, le mal qu'il a fait à la religion n'est-il pas assez grand déjà dans le pays même qu'il a souillé par un affreux exemple ? Ce mal, pourquoi l'étendre, le propager ? Ce qui ne fut que le scandale corrupteur d'un village, pourquoi le rendre le spectacle honteux de la France entière ? Et cependant, Messieurs, en lisant ce dégoûtant article, vous verrez le *Courrier* étendant encore le cercle de ses diffamations, présenter les évêques et les magistrats, comme protégeant eux-mêmes la cause de l'immoralité !

Or, nous disons que l'*esprit* d'un pareil article est évident ; qu'il a pour but, comme pour effet, de porter atteinte au respect dû à la religion.

Mais, voyez comme tout devient prétexte, et comme partout la haîne se décèle ! Un malheureux ermite, âgé de 71 ans, appelé à Paris par des affaires de famille, arrive du fond de la Lorraine. Il va faire viser son passeport. L'autorité l'engage à quitter le costume qu'il porte : quelques personnes pieuses se cotisent ; on achète au vieillard une redingotte dont il se couvre. Mais cet ermite a passé sur le Pont-Neuf : cette traversée n'a pas échappé au *Courrier* ; et le voilà, le 17 juillet, qui s'empresse d'apprendre à ses lecteurs qu'un *capucin crasseux et barbu* se promenait sur le Pont-Neuf. Vous lirez par quel indécent sarcasme se termine l'article.

Le *Courrier* du 22 juillet entreprend de prouver que ce sont les prêtres qui font le plus de tort à la religion : et, dans son système de généraliser les inculpations, il les représente comme *refusant les prières* AU PAUVRE QUI NE PEUT PAS LES PAYER, et *changeant la maison du seigneur* EN UNE HOTELLERIE.

Il continue : « Hier, 17 décès ont été inscrits sur » les registres de la municipalité du onzième arron- » dissement, et deux morts seulement ont été pré- » sentés à l'église de Saint-Sulpice. J'ai entendu des » gens du peuple dire : *On nous laisse mourir* COMME

» DES CHIENS ! *Non-seulement le convoi du pauvre*
» *est sans prêtres;* LE PAUVRE N'EST PAS MÊME REÇU
» A L'ÉGLISE ; *avant tout il faut* ACHETER UNE BIÈRE
» *et* LE DROIT D'ARRIVER A LA FOSSE COMMUNE. Quand
» ils ont payé l'administration civile des convois,
» bien des gens n'ont plus rien à donner à l'église, *et*
» *leurs parens morts ne peuvent y être reçus.* »—Puis
vient cette conséquence « : CE NE SONT DONC PAS LES
» PHILOSOPHES *qui accoutument le peuple à se pas-*
» *ser des consolations d'une religion* qu'il aimerait à
» recevoir, *et qui* LUI SONT REFUSÉES AU NOM D'UN
» DIEU DE CHARITÉ !

Or, Messieurs, savez-vous ce qu'il y a de vrai
dans tout ce récit? Pas un mot ; (et comme ici ce
sont des actes publics qui démentent les assertions,
nous devons examiner aussi les choses.).

D'abord, il est faux que 17 décès aient été enre-
gistrés, le 21 juillet, au onzième arrondissement :
dix enregistremens seulement ont eu lieu. Sur ces
dix convois, il est faux que deux seulement aient
été présentés à Saint-Sulpice : quatre l'ont été. Trois
autres l'ont été à Saint-Séverin, autre paroisse du
onzième arrondissement. Ainsi, sur dix décès (dont
l'un même provenait de suicide), sept présentations
à l'église. Et qu'on n'équivoque pas ici sur les da-
tes; car nous nous sommes fait remettre, et nous joignons aux pièces, le relevé authentique des registres
de la mairie, non-seulement pour le 21 juillet, mais
même pour les trois jours précédens. Le 20, deux
enregistremens; deux présentations à l'église. Le 19,
trois enregistremens, trois présentations à l'église. Le

18, dix enregistremens; six présentations à l'église.

Le fait allégué est donc faux. Mais, Messieurs, le reste l'est aussi; et le reste est plus grave. Ne serait-ce pas, en effet, une honte, nous ne dirons plus seulement pour la religion, mais même pour notre civilisation, que l'église repoussât le convoi du pauvre, et que l'administration fît payer jusqu'à *la bière et la fosse commune?* Eh bien! Messieurs, ce n'est là qu'un mensonge de plus du *Courrier.* Les pauvres sont admis gratuitement aux prières de l'église. Les dispositions des décrets des 23 prairial an 11 et 18 août 1811, sont formelles; elles s'exécutent constamment sur un simple certificat et sur la demande des parens. La bière, le convoi, et la dernière demeure du pauvre sont aux frais des municipalités, dans toute la France. Des dispositions spéciales pour la ville de Paris résultent de plusieurs actes, et notamment des arrêtés de l'administration centrale des 23 germinal et 28 thermidor an IV. Enfin, Messieurs, et pour en finir sur ces tristes détails, nous joignons aux pièces la copie du cahier des charges du service des inhumations dans la ville de Paris, en ce qui concerne les indigens.

Maintenant, que pensez-vous de pareils mensonges, de ces odieuses accusations mises en avant pour arriver à ce prétendu propos : *On nous laisse mourir* COMME DES CHIENS? Dans quel *esprit* ce travestissement des faits les plus constans? Quel est ce soin de s'adresser au peuple pour soulever son indignation contre l'église? Les voilà, Messieurs, les armes qu'on emploie contre la religion de l'État! Ce n'est pas assez de pervertir les esprits ; il faut en appeler aux passions les plus aveugles ! ce n'est pas assez d'exciter la haine ; il faut la populariser !

L'établissement d'une maison de hautes études ecclésiastiques excite, de la part du *Courrier*, de vives critiques qu'il reproduit dans plusieurs articles. La discussion est libre, sans doute, sur ce point ; et nous laissons de côté la question en elle-même. Mais, dans quel esprit le journal, à propos de cette école, vient-il encore mettre en jeu les protestans? Il annonce qu'un autre journal a compté, parmi les titres de gloire de l'antique Sorbonne, d'avoir combattu le protestantisme naissant. Et soudain, il nous montre le *zèle belliqueux* du nouveau corps combattant plus fortement encore le *protestantisme établi*. Puis, il ajoute : « Cette *perspective* NE LAISSE PAS D'ÊTRE RAS-» SURANTE pour ceux qui regardent comme *néces-» saire à la paix publique* LE MAINTIEN DE L'ARTI-» CLE 5 DE LA CHARTE. »

Jusqu'où donc peuvent égarer certains systêmes ? Eh quoi! d'après le *Courrier*, il faudra donc que la *Sorbonne ressuscitée* (comme il la nomme) cesse de défendre la foi catholique?... Mais, quelle est cette perfidie qui, de thèses, de controverses autorisées par toutes nos lois, se plaît à insérer la persécution, la guerre? Voyez partout, Messieurs, le même esprit, les mêmes contradictions! S'agit-il des religions dissidentes ? on s'écrie : liberté de discussion, la controverse est permise; laissez imprimer, laissez parler. Mais, s'agit-il de la religion de l'État? eh quoi! dit-on aussitôt, vous parlez de thèses, de controverses!

c'est une atteinte à la Charte, à la liberté des cultes!...
N'avons-nous pas raison de dire, de répéter, que ceux qui
parlent tant de tolérance, sont les plus intolérans des
hommes? qu'en invoquant sans cesse les lois, ils les
méconnaissent? que, pour eux, la liberté des cultes,
c'est l'avilissement, l'oppression de la religion de
l'État ?....

Nous nous arrêtons ici, Messieurs. Le respect
pour les convenances nous ayant interdit de vous
entretenir, à cette audience publique, des six articles que nous n'avons pu que vous indiquer, c'est,
encore une fois, à vos consciences que nous nous en
remettons pour compléter notre tâche.

Et, Messieurs, lorsque, suivant le vœu de la loi,
vous interrogerez l'ensemble des articles du *Courrier;*
lorsque vous en examinerez *l'esprit*, comme nous,
vous vous ferez cette question : Au milieu du silence
ou des éloges pour toutes les religions dissidentes, et
par un singulier privilége pour la religion catholique,
faut-il donc qu'il soit permis de flétrir ses Ministres,
l'un comme un être immoral; les autres comme d'a-
vides trafiquans qui préparent un lieu suspect; celui-
ci comme préludant au rétablissement de la corvée;
celui-là comme profanant les saints mystères, spécu-
lant sur trois messes, et se transformant en devin
pour la loterie; un autre comme pervertissant l'in-
nocence jusque dans le confessionnal; l'église entière comme repoussant inhumainement le convoi du
pauvre ? Faudra-t-il qu'il soit permis de représenter
les évêques, ici, comme ne s'adressant à la ferveur que
pour faire une attaque sur la bourse; là, protégeant

les désordres des prêtres? sera-t-il permis de tourner en dérision le culte, en étendant le ridicule aux objets de ses invocations ? enfin, d'appeler, à la fois, contre la religion de l'État, les calomnies, pour la rendre odieuse, et les exemples, pour la faire abjurer ?

Non, Messieurs, vous ne voudrez pas autoriser, par votre assentiment, de pareilles attaques.

Chaque jour, vous remarquez avec effroi l'affaiblissement du lien religieux dans nos sociétés modernes ? vaste sujet de méditations non seulement pour le chrétien, mais pour l'homme d'État, le citoyen, le père de famille !.... Le danger social, le danger véritable et permanent, c'est-là qu'il est, et non dans ces fantômes de quelques jours dont l'irréligion est trop heureuse de pouvoir invoquer le prétexte.

Interrogez-la dans son organisation, cette société politique au milieu de laquelle nous vivons : étendez même au-delà vos regards; comparez le présent et le passé; voyez partout marcher les hommes et les choses; et vous jugerez bien où sont les possibilités et les chimères, les préoccupations d'un jour et les principes de tous les temps.

Magistrats éclairés et consciencieux, vous ne voudrez pas accepter une responsabilité funeste. Toujours la magistrature fut l'auxiliaire de la religion : vous ne déserterez pas une si noble cause.

FIN.

Imprimerie de MIGNERET, rue du Dragon, N.º 20.

www.ingramcontent.com/pod-product-compliance
Lightning Source LLC
Chambersburg PA
CBHW061706050726
47598CB00004B/1721